ZIJ IS WIE IK BEN

claire vanden abbeele

ZIJ IS WIE IK BEN

over vrouwzijn

lannoo

Zij is wie ik ben
een nagedachtenis om aan te raken
horizon en onderstroom van heden en verleden
innerlijke getuige die me niet kan verlaten.

Zij is de verdwenen vrouw, de verloren dochter,
het opstandige kind
dat na eindeloze omzwervingen terugkeert
en onaangetast zichzelf terugvindt.

Zij is het verrezen beeld
dat in haar volheid verschijnt
nadat ze zichzelf
en Golgotha heeft bereikt.

Zij is de oorsprong in mij.

Zij sneeuwt in mij
zij schreeuwt in mij
zij zoent in mij
zij zoekt in mij
naar uit
weg

naar binnen
gekeerd
warm ik haar
wil ik haar
troosten
vormen
vullen

zo leef ik haar
zacht en krachtig
zij
de vrouw die ik ben.

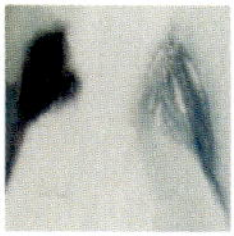

Ik kan je niet uitwissen.
Je bent met me vervloeid
een gewaad van eeuwigheid
iets om van te houden
twee vrouwen in een lichaam
dat van mij
zo vol van jou.

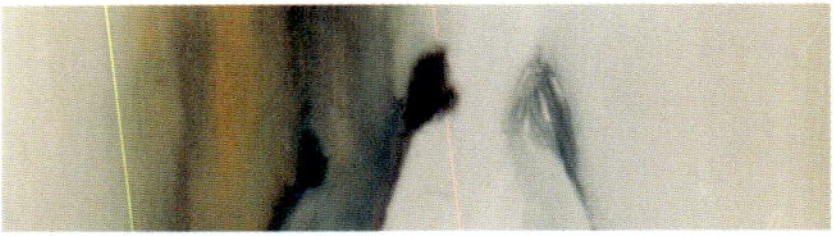

Zij, altijd opnieuw zij
die ene vrouw
mijn levensgezel
de stille maagd en liefhebbende moeder,
de waanzinnige heks, de hongerige hoer,
de oude wijze vrouw.
Zoveel ikken die me oproepen
om onversaagd
de weg der vrouwen te gaan.

In het onuitspreekbare
kerfden wij getelde uren.
Net voor de tijd in stukken viel
bewoonden wij de laatste schaduw.
Met sluiers van weemoed
omwonden wij elkaar
onomwonden.

Zo reizen we
door de eeuwen heen
als een onuitwisbaar deel
van hetzelfde geheel.

Ik ben diegene die over je dromen waakt
en met weemoedige menselijkheid
bloemblaadjes van rouwkransen uitzaait.
Ik ben de verdwaalde vrouw
verloren in een wereld
die jouw naam is vergeten.

Alleen in mij
die schrijnende schreeuw
die vermorzelde traditie
die drang der dwazen
die alles wat verloren is
wil bijeenrapen.

Alleen met...

Alleen met mezelf
en dat clair-obscur
dat zoeken naar genade
dat smachtend smeken
om leven en dood te ontrafelen.

Ik ben
diegene die er niet in slaagt
om dat oerverlangen en jou
achter te laten.

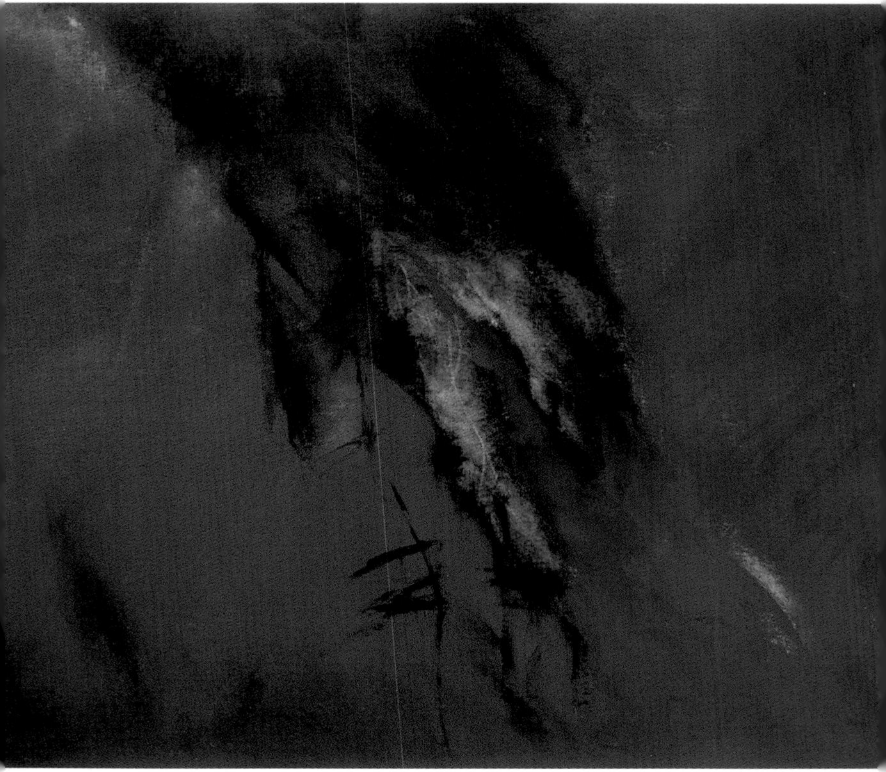

Raken aan beminnen.
Klanken en kleuren verzinnen
zoenen en zeggen:
ik hou van jou.

Samen slapen als taal van vertrouwen.
Nabij zijn als zogende vrouwen.
Me openen in deze tijd die me verdicht
en me tot vrijheid verplicht.

Jou tot mij laten komen
dichter dan dicht en dan versmelten
inniger dan het licht.

Punten van ontmoeting verzamelen.
Sporen trekken tot een onuitwisbare lijn.
Jij en ik
de weerspiegeling van een oergeheim.

Jij + ik = één
eenvoudig zijn.

Jij vond mij in mijn oorsprong
wekte de vonk van mijn ontplooiing
de kracht van mijn vrouwzijn.
Je gaf me aan mezelf
aan de zwerver die ik ben.

Zal ik in staat zijn om deze volheid te blijven voelen
of zal ik wegschrompelen
afgesloten raken
onthecht en eenzaam zijn.

Er is nog zoveel speelsheid over
grote ogen die verlangend uitkijken
kleuren die treuren
hunker die om handen vraagt
zal ik
ooit
zonder jou...

Ik ben zo droevig
zonder reden
ik kan doodgaan
en toch voortgaan.

Ik ben zo melancholisch
zonder reden
ik denk aan vreugde
en verdriet.

Ik ben zo hatelijk
zonder reden
ik denk aan leven
zonder jou.

Ik ben...

Ik ben zo bezorgd
zonder reden
ik denk aan morgen
met of zonder jou?

Ik ben zo leeg
zonder reden
ik denk aan jou
en aan mij.

Ik ben zo'n deel van het leven.
Ik ben.

We vrijen.
Neen we vrijen niet.
We spelen tussen lakens en liefde.
Onze handen breken brood.
We delen dromen en kruimels
tot over de dood.

Ziel en zijn vormen een schuiloord
van gekleurd en verdrongen verdriet.
Wat ik zie is wat ik niet ben:
een beeltenis van gemis en pijn
een mens met zielenpijn
een vrouw die ik niet ken.

Er hangt hartstocht in de lucht
ingehouden adem die nevels tekent boven water
dampen, heet en dicht die mensen verbazen.

Er hangen dromen in de lucht
wat zich vormt, is liefde voor later.

Ik leg je neer in een bedding van weerloosheid
wis sporen van desillusies
en buig me barstend
over je kapotgeslagen geest
die zich verschuilt in een gehavend lichaam.

Ik leg je neer
met woorden waarvan ik niets begrijp
en fluister:
de kunst van het leven valt te leren
en zelfs als je me ooit verliest
zal je de brug oversteken
en zien
dat weerloosheid over liefde gaat.

Ik leg je neer...

Ik kijk naar het licht dat door de kamer speelt
terwijl een heilig vuur ons bij elkaar houdt en troost.
Er weven zich draden van verbondenheid
terwijl slierten van herkomst en toekomst
sporen nalaten op mijn verschroeide huid.
Ik kijk in het licht naar jou en mij.

In kleuren jou herstellen
voltooien wat nooit werd voltooid.
Je inlijven in mijn tijd
in tinten van eeuwigheid.

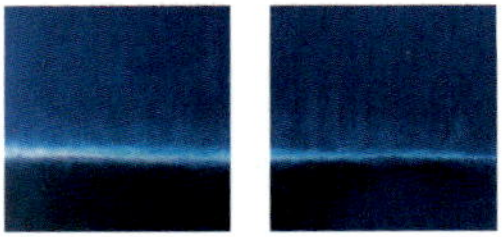

Ik beroer met woordeloze taal
tanden en tepels
binnenkant en buitenkant
bloed, dromen en tekens.

Ik beroer jou
die mijn ziel vervoert.

Ik verzaak aan spijt en angst
om te verzinken in jou
als in een oud scheppingsverhaal
dat weegt als een mysterie
dat me niet onberoerd laat.

Als jij mijn ruimte wordt
zal ik door je heen vliegen
en met klapwiekende vleugels
licht en liefde verder dragen.

Aangekomen op het hoogste punt
zal ik onbevreesd alles loslaten
en me laten vallen
wetend dat ik alleen
kan vallen in jou.

Ik zal mijn weg gaan.
Thuiskomen
en de ruimte horen fluisteren:
liefste, ik hou van jou.

Nu ik alleen maar mezelf ben
en niets heb
en ook niets hebben wil
ervaar ik wat het is
vrouw te zijn
verwekt om eigen wegen te banen
en op te staan uit verlamming en pijn.

Denken aan elkaar
duizenden vragen
die als dromen
stollen in mijn hart.

Verlangen naar elkaar
diepe gevoelens
die als symfonieën
weerloos vloeien
in mijn ziel.

Slapen naast...

Slapen naast elkaar
mijn naam schrijven in je huid
tekens op je vel
een zoen van mij
aan jou.

Beminnen
kruipen in verlangen
ontvangen
als regen op droge grond
mezelf verdrinken
in jou en jou en jou.

Het onvatbare priemt zich vast in mijn ogen.
Ongeloof heeft zich in mijn hart verscholen.
Ik ervaar het sterven aan den lijve
wanneer mijn ziel zich breekt over jouw dood.

Ontzield lichaam en eeuwige vrouw
ik leg je neer en wacht
tot ik vanuit de donkere diepte hier op aarde
parels van gebroken kralen kan bijeenrapen
die ik traag verzamel
en neerleg op jouw en mijn graf.

Ik staar naar het onvatbare
dat ik niet kan vertalen.

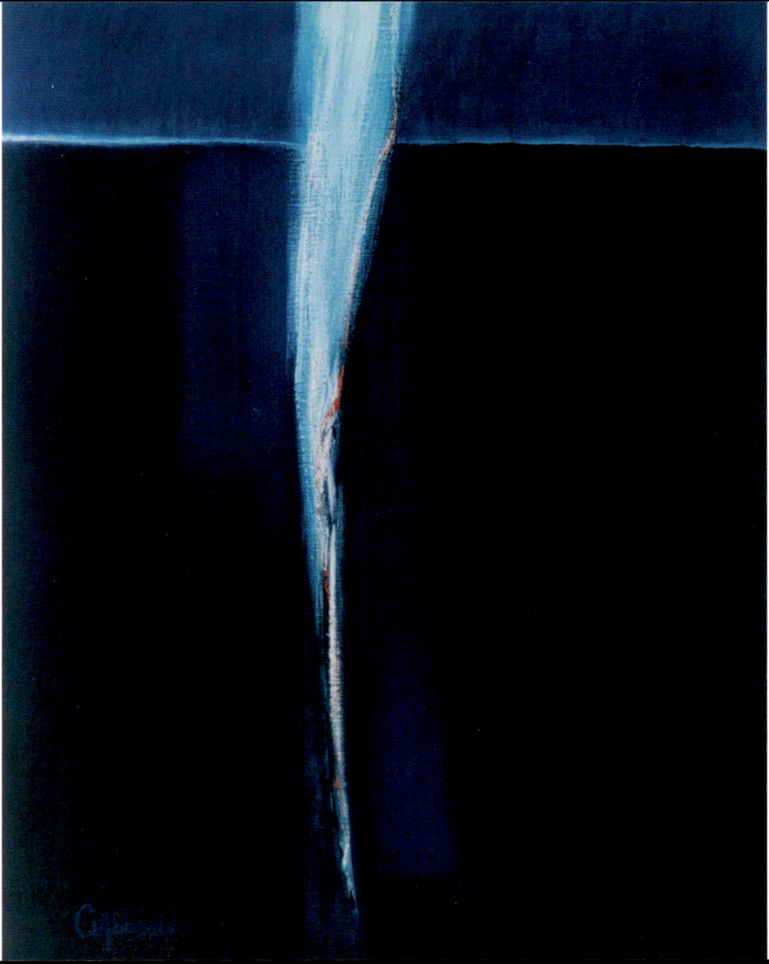

Ademloos ademen
vervuld van vrouwelijke verbondenheid.
Woordeloos wachten
op het wonder van liefde en tijd.
Niet vergaan, niet verdwijnen
achter een bocht of een zegen
maar onbaatzuchtig en onvoorwaardelijk
eros en extase aan elkaar vertalen.

Ik ben een rimpel in een vijver.
Beweging die niet om uitleg vraagt.
Geboren om me te bevrijden
van subtiele invloed die essentie wegvaagt.

Ik ben slechts gekomen om op te staan
uit pijn die her en der wordt gezaaid.
Gebroken om te verrijzen en te beminnen
onvoorwaardelijk, ongezien,
ongeprezen, onversaagd.
Vrij. Onvoorwaardelijk vrij. Vrij.

Ik ben een kreet, een lied, een woord,
een draaiboek in de branding van de tijd.
Een nieuwe zeefdruk van een oeroud verbond
dat op een tuinfeest zijn grafsteen beitelt
en rimpelend leven viert in de schaduw van de dood.

Ik heb je voor het eerst ontmoet
in een oud woordenboek.
Je stond onaangetast op mijn kamer
toen ik je vond onder het woord 'extase'.
Nooit voorheen gelezen, niet opengevouwen
vroeg ik me af wat dat in hemelsnaam betekenen kon.

Later heb ik je letter na letter opengeplooid
tot ik mijn buik voelde scheuren

en wat ik niet begrijpen kon
zich bij elke hartslag ontvouwde.

Iets in jou
zeg maar
het licht in je ogen
de smaak van je huid
het voelen van je lippen
de lijn van je hele zijn
bracht me buiten mezelf.

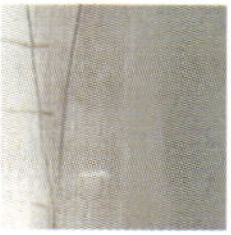

Woordeloze schroom overviel me
en ik werd voor het eerst in mijn doorleefde leven
beroofd van onbevangenheid
geslagen door verlamming.

Nu in het later
vier ik de verbazingwekkende verrukking
van een geestesvervulling
die we samen delen.

Ik reis alleen
door herinneringen
aan een stille zaterdag.
Het zomerde
toen onze handen als bekers
in elkaar lagen.
Het was benauwend warm
toen de inertie brak
de intuïtie ons riep
de inspiratie tekens gaf
en de extase schreeuwde
om ervaring
van gedeelde eenheid
in een ontluisterend Méér.

Vandaag lees ik je
zonder woordenboek
maar met ogen van vrouwen
die wachten en weten
dat extase ook spreekt
over liefde en begeren.

Jij bent
en ik ben.
Ergens staat het geschreven
in oude Hebreeuwse woorden
die me bezighouden
en onvertaalbaar
mijn ziel bewonen.

Je inspireert me.
Dichters zeggen: je bent mijn muze.
Maar wat is dat dan
als muzen muizenissen zijn
van een verhaal
dat alleen uit verlangen bestaat.

Je bent de kleuren van mijn doek
maar ik wou dat je bij me was
en vormgaf aan wat een vrouwendroom
met hunker en lichamen doet.

Je inspireert me, muze van mij
en snijdt met een mes
onuitwisbare tekens in mijn zij.

In scharlakenrode tekens rusten metaforen
veren van mijn ziel die zich verdichten tot kleuren.
Ik breng verlangen op doek
maar hoe zal ik je tonen
wat onder water leeft
aan bloed en adem
aan verlangen en vertrouwen
aan liefde
te warm om aan te raken.

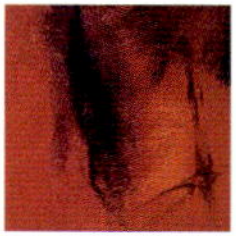

Onder woorden nooit uitgesproken
en in nevels van verschroomd verlangen
ontbloot zich de gesluierde vrouw
die ik nu en dan ontmoet.

Haar aanraking is teder.
Haar blik indringend.
Haar ziel staat op een kier.
Ik denk aan haar
als een vuurvliegje op een wachtende avond
als een vonk die cirkelt om het licht.

Hoe ontstaat poëzie vraag ik me af
en mijn hart bonkt woorden naar boven
die nooit uitgesproken in mezelf verloren lopen
en diep in mijn binnenste zijn verscholen.

Ik lees: 'Ik zie je graag' en weet
er is niets in mij dat voorbij kan gaan

aan de gloed die kruipt over mijn huid
en aan de stuwing van mijn bloed
die je toeschreeuwt: 'Breek uit'.

Ik herinner me een verhaal over kladbriefjes in een boekentas
en dat ene zinnetje dat spreekt over méér en vervoering.
Is het zo dat poëzie ontstaat
en diepe gedeelde beroering?

Ik herinner me in den beginne het woord
dat de gloed der genade vormgaf.
We luisterden naar het kussen van het licht
terwijl sluiers van tederheid
cirkelden om een jij en een ik.

Ik herinner me hoe we daar stonden
sterke vrouwen, verweven en verbonden.
Er was een plaats en tijd voor ons
vurige liefdeskracht die ons
heeft vervoerd en omwonden.

Nu is het later
en zoeken wij ruimte en daden
om het oergeheim in gloed te vertalen.
Nu horen we in het licht
het woord dat ons ooit heeft verdicht.

ONTWERP EN LAYOUT Studio Lannoo

ILLUSTRATIES claire vanden abbeele

D/2003/45/63 – ISBN 90 209 5155 6 – NUR 306

Gedrukt en gebonden bij Drukkerij Lannoo